Peter P. Pachl

Die Hafis-Rezeption in der Nachromantik

Ein Nachhall von Richard Wagner

GRIN Verlag

Bibliografische Information der Deutschen Nationalbibliothek:

Die Deutsche Bibliothek verzeichnet diese Publikation in der Deutschen National-
bibliografie; detaillierte bibliografische Daten sind im Internet über http://dnb.d-
nb.de/ abrufbar.

Impressum:

Copyright © 2013 GRIN Verlag GmbH
Druck und Bindung: Books on Demand GmbH, Norderstedt Germany
ISBN: 978-3-656-88398-2

Dieses Buch bei GRIN:

http://www.grin.com/de/e-book/287766/die-hafis-rezeption-in-der-nachromantik

GRIN - Your knowledge has value

Der GRIN Verlag publiziert seit 1998 wissenschaftliche Arbeiten von Studenten, Hochschullehrern und anderen Akademikern als eBook und gedrucktes Buch. Die Verlagswebsite www.grin.com ist die ideale Plattform zur Veröffentlichung von Hausarbeiten, Abschlussarbeiten, wissenschaftlichen Aufsätzen, Dissertationen und Fachbüchern.

Besuchen Sie uns im Internet:

http://www.grin.com/

http://www.facebook.com/grincom

http://www.twitter.com/grin_com

Nachromantische Hafis-Rezeption – ein Nachhall von Richard Wagner

Richard Wagner lobte Muhammad Schams ad-Din Hafis (1320-1390) als *„den größten aller Dichter [...], von dessen Gedichten jetzt eine sehr genießbare deutsche Bearbeitung durch Daumer existirt"[1]*. Im selben Brief an seinen im Zuchthaus Waldheim sitzenden revolutionären Mitstreiter und Freund August Röckel fährt Richard Wagner, der sich bekanntlich selbst in erster Line als Dichter sah, fort: *„Die Bekanntschaft mit diesem Dichter hat mich mit wahrhaftem Schreck erfüllt: wir stehen mit unsrer ganzen pomphaften europäischen Geistescultur fast tief beschämt vor dem, was bereits der Orient einmal mit so sichrer, heiter erhabener Geistesruhe hervorgebracht hat."[2]*

Solche Lobpreisung des persischen Dichters aus dem Mund des deutschen Musikdramatikers ist keine Seltenheit. So heißt es in einem Schreiben Wagners aus dem selben Monat an Theodor Uhlig: *„Dieser Perser Hafis ist der größte Dichter, der je gelebt und gedichtet hat. – Wenn Du Dir ihn nicht augenblicklich anschaffst, verachte ich Dich in Grund und Boden."[3]*

Und einen Monat später ergänzt Wagner: *„Studire den Hafis nur ordentlich: er ist der größte und erhabenste Philosoph. So sicher und unumstößlich gewiß, wie er, hat noch niemand um die Sache gewußt."[4]*

Aus Cosima Wagners Tagebüchern geht hervor, dass auch der späte Wagner Hafis zitiert[5] und sogar zu seinem Musikdrama „Tristan und Isolde" in Bezug gesetzt hat[6].

Da Wagner – im Gegensatz zu seinen Bühnenwerken – in seinen Konzertwerken und Liedern auch fremde Lyrik vertont hat, verwundert es geradezu, dass sich unter den von ihm vertonten fremden Texten nicht auch ein Hafis befindet.[7]
Aber die Nachromantiker:

Waldemar von Baußnern (1866 – 1931), der die letzte Oper von Wagners Intimus Peter Cornelius (1783 – 1867), „Gunlöd" vollendet hat, komponierte im Jahre 1929 „Hafis" als eine Sinfonische Kantate für Soli, Chor, Orchester und Orgel.

Noch zu Lebzeiten Richard Wagners, 1866 komponierte Frédéric Louis Ritter (1834 – 1891) „Hafis: ein Liederkreis aus dessen Gedichten" als sein Opus 1. Im Jahre 1900 vertonte der baltische Komponist Emil Mattiesen (1875 – 1939) „Zwölf Liebeslieder des Hafis", Op. 9. Auch der Vorreiter der Wunderhorn-Vertonungen, Theodor Streicher (1874 – 1940), den Wolff vermutlich persönlich kannte, komponierte ab 1907 Lieder auf Texte von Hafis.
Hans Gal (1890 – 1987) berücksichtigte Hafis im Jahre 1926 in seinen „Herbstliedern" Op. 25, für Frauenchor a cappella. Die „Gesänge des Orients", die Richard Strauss (1864 – 1949) im Jahre 1928 als Opus 77 komponiert hat, fußen auf Hans Bethges Hafis-Übertragung (Leipzig 1919). Ihm folgte 1939 Rudolf Bode (1881 – 1970) mit „Hafis-Lieder[n]". Im Jahre 1940 komponierte Viktor Ullman (1889 – 1944) ein „Liederbuch des Hafis" als sein Opus 30. Fünf Jahre später vertonte Gottfried von Einem (1918 – 1996) acht Gedichte von Hafis als Opus 5.
1948 folgte Franz Alphons Wolpert (1917 – 1978) mit seinen „Vier Lieder[n] nach Gedichten des Hafis".

Weitere Hafis-Vertonungen stammen von dem amerikanischen Komponisten Bertram Shapleigh (1871 – 1940), dessen Frau einige Lieder Wolffs ins Englische übertragen hat; Shapleigh komponierte 1901 fünf Lieder als „Hafiz Serenade", Op. 32. Sein Landsmann Alan Hovhaness (1911 – 2000) vertonte im Jahre 1938 als Opus 33 „Seven Love Songs of Hafez".
W. Franke Harling (1887-1958) komponierte im Jahre 1913 „Before the Dawn, a Persian Idyll" und Blair Fairchild (1877 – 1933) 1914 in Frankreich, nach einer Übertragung durch Paul de Stoecklin, „Les amours de Hafiz," Op. 38.

---

[1] Richard Wagner an August Röckel, 12. September 1852. In: Richard Wagner: Sämtliche Briefe, Leipzig 1979, Bd. 4, S. 472.

[2] Ebenda.

[3] Richard Wagner an Theodor Uhlig, 12. September 1852. In: Wagner-Briefe, a, a. O., S. 476.

[4] Wagner an Uhlig, 14. Oktober 1852. In. Richard Wagner: Sämtliche Briefe, Bd. 5. Leipzig 1993, S. 80.

[5] *„wobei R. den Vers von Hafis sündigend ein Sünder sein, zitiert und sagt, wie berauschend das anakreontische Wesen, in das Orientalische übersetzt, wirke. Auch, sagt er, sei der Sinn zu fassen und zu verteidigen, nur gerade keine Regel für die Jugend."* (3. 4. 1880)
Cosima Wagner: Die Tagebücher. München 1977, Bd. 2, S. 516.

[6] *R. [...] erscheint im blauen Gewand des Wotan und liest dann vieles aus Hafis abends uns vor."* (4. 9. 1881)
Cosima Wagner: Tagbücher, a. o. O., S. 791.
In „Tristan und Isolde" sei *„das, was Hafis ausspricht: sündigend ein Sünder sein, u wie elend und gemein, lerne sündigend ein Heiliger, ein Gott zu sein [...]."* (23. November 1882)
Cosima Wagner: Tagbücher, a. o. O., S. 1056.

[7] Ob Wagner vernommen hatte, dass sein Antipode Johannes Brahms 1864 und 1868 (in Op. 32 und Op. 47) Übertragungen von Daumer vertont hat, ist nicht überliefert.

Der dänische Komponist Poul Schierbeck (1888 – 1949) veröffentlichte „Le Tombeau du poète Hafiz" und im Jahre 1920 Elliott Griffis (1893 – 1967) „A Caravan from China Comes".
1926 schuf der russische Komponist Anatolii Aleksandrov (1888 – 1977) „Tri stikhotvoreniia Gafiza", Op. 2. Dirk Foch (1886 – 1973) komponierte drei Hafis-Lieder als „Drei Stimmungen", Op. 20. Ebenfalls auf Hafis-Texten fußen Kompositionen des Isländers Jón Leifs (1899 – 1968) „Drift Ice", Op. 63, und 1989 des Italieners Franco Donatoni (1927 – 2000).

Zu den bekanntesten Hafis-Komponisten zählt Karol Szymanowski (1882 – 1937), der 1911 sechs Gedichte von Hafis als Opus 24 komponierte, die er zwei Jahre später als Opus 26 orchestrierte; postum erschien 1937 ein weiteres Lied, „Das Grab des Hafis". Neben den Schweizer Komponisten Paul Müller-Zürich (1898 – 1993), „Acht Lieder nach Gedichten von Hafis" Op. 1 aus dem Jahre 1920 und Ernst Pfiffner (*1922) mit einen „Hafis-Zyklus", werden überstrahlt von den Vertonungen durch Othmar Schoeck (1886 – 1957), der als sein Opus 33 in den Jahren 1919 und 1920 einen Zyklus mit Zwölf Hafis-Liedern komponiert hat.

Eine herausragende Position inmitten der zahlreichen Hafis-Vertonungen nehmen die Kompositionen von Erich J. Wolff ein.

„Erich Wolff durfte das Glück des Schaffens und des Erfolges nicht lange kosten. Er starb [...] in Amerika im blühendsten Alter; er, der einer der poetischsten Begleiter zum Liedgesang der großen Konzertsänger und -sängerinnen war, der berufen schien, die Kette der Meister Schubert – Schumann – Jensen – Franz – Brahms – Hugo Wolf um ein wesentliches Glied zu bereichern."[8]
So urteilte Engelbert Humperdinck, wenige Jahre nach Wolffs Tod, in dem von ihm herausgegebenen achten Band der Sammlung „Sang und Klang".

Und anlässlich der Veröffentlichung der ersten Doppel-CD mit Liedern, Gesängen und einem Melodram aus der Feder von Erich J. Wolff war u. a. zu lesen: *„Wie hat man ihn nur vergessen können? Farbenreicher als Erich J. Wolff (1874 bis 1913) schrieb kaum ein Liedkomponist des frühen 20. Jahrhunderts. 43 der meist kurzen Stimmungsbilder stellt die US-Sopranistin Rebecca Broberg, begleitet von Hans Martin Gräbner, hier überzeugend vor: eine Entdeckung."*[9]

Der am 3. Dezember 1874 in Wien geborene Komponist, ein enger Freund von Alexander Zemlinsky und Arnold Schönberg, war im März 1904 Gründungsmitglied der *"Vereinigung Schaffender Tonkünstler"*, die im Januar des folgenden Jahres die Uraufführung der symphonischen Dichtung "Pelleas und Melisande" ihres Präsidenten Schönberg realisierte.[10]

Um seinen Freund Arnold Schönberg finanziell zu unterstützen, empfahl Wolff der Sopranistin Julia Culp im Februar 1912, Schönberg als Arrangeur für eine Orchestrierung von Beethovens Lied „Adelaide" zu verpflichten. Der erfolgreichen Aufführung im Oktober desselben Jahres folgte der Auftrag Culps an Schönberg, auch Lieder von Franz Schubert für sie zu orchestrieren.[11]

Nachdem Alma Schindlers Mutter im Jahre 1901 dafür gesorgt hatte, dass alle Kontakte zwischen Alexander Zemlinsky und Alma abgebrochen abgebrochen wurden, schlug Zemlinsky seiner leidenschaftlich geliebten Schülerin Alma vor, ihre privaten musikalischen Studien bei Erich J. Wolff fortzusetzen.[12]

Wolff, der zeitweise international bekannter war als seine heute berühmteren Freunde, begleitete prominente Sängerinnen, wie die Sopranistinnen Julia Culp und Elena Gerhardt bei ihren Konzertreisen am Klavier und schuf für sie auch eigene Orchestrierungen seiner Lieder. Seine Gesänge sind namhaften Sängern gewidmet – so etwa der kroatischen Diva Maja Strozzi, die Thomas Mann in seinem Roman „Dr. Faustus" verewigt hat –, die diese sicherlich auch häufig in Konzerten interpretiert haben, aber auch anderen prominenten Widmungsträgern, wie der Baronin Leonore Bach, einer Freundin und Interpretin von Johannes Brahms.

---

[8] Engelbert Humperdinck: Erich J. Wolff. In: Engelbert Humperdinck (Hg.): Sang und Klang im XIX. und XX. Jahrhundert: Ernstes und Heiteres aus dem Reiche der Töne. Bd. VIII, Berlin o. J. [ca. 1917], S. XIV.

[9] kulturSPIEGEL 01-2010.

[10] Vgl.: Wolfgang Behrens: „...Dieses Jahr war nicht verloren". Die „Vereinigung schaffender Tonkünstler in Wien" und ein nicht von Schönberg verfasstes Memorandum. (www. www.sim.spk-berlin.de/uploads/03-forschung.../SIM-Jb_2003-11.pdf. Zugriff: 28. 2. 2011).

[11] Im Jahre 1913 bat sie Schönberg, auch noch um die Orchestrierung von Liedern der Komponisten Hugo Wolf, Johannes Brahms und Carl Loewe. Trotz Problemen mit dem Verlag C. F. Peters und hinsichtlich der Honorierung führte Schönberg diesen Auftrag aus, als er aber im Jahre 1927 seine Bearbeitungen für eine Veröffentlichung zurück bekommen wollte, stellte sich heraus, dass diese in einem Hotel in New York verschwunden waren.
Vgl.: Beno Hofman: Julia Culp. Wereldberoemde Groninger zangeres. Uitgeverij Noordboek, Groningen 2002, S. 97 ff. und http://81.223.24.101:8081/schoenberg_test/werke_einzelansicht.php?werke_id=484&herkunft=allewerke (Zugriff: 22. 05. 2011)

[12] Antony Beaumont: Zemlinsky. Wien 2005, S. 144.

Auf einer USA-Konzerttournee mit Elena Gerhardt starb Wolff am 19. März 1913 in New York an den Folgen einer Mittelohroperation.

Wolffs Hafis-Zyklus

In seinen letzten beiden Lebensjahren vertonte Wolff insgesamt 14 Gedichte von Hafis, die er möglicherweise als Zyklus geplant hatte. Weitere Hafis-Vertonungen verhinderte offenbar sein unerwartet früher Tod auf einer Konzertreise in New York. An sechs Augusttagen des Jahres 1911 hatte Wolff vier dieser Lieder komponiert („O hättest du!"/ „Schön wie Thirza bist du"/ „Stark wie der Tod ist die Liebe"), im September ein weiteres („Ein solcher ist mein Freund") und an zwölf Tagen im Juni und Juli des Jahres 1912 seine restlichen neuen Hafis-Vertonungen.[13]

In diesen Miniaturen von oft nur wenigen Zeilen, zumeist ganz ohne oder ohne deutliche Tempovorgaben, harmonisch einem eigenwillig ausgeweiteten Systema teleion folgend, zeigt sich der Farbgestalter Wolff, der mit wenigen Akkorden für jedes dieser Lieder eine sehr eigene Stimmung aufreißt.

Trotz leerer Akkorde ganz zauberhafte Himmelsklänge erzeugt der Komponist im 18-taktigen Prolog mit der Ausführungsbezeichnung „So zart und leise wie möglich". Die Fragestellung, „Horch, hörst du nicht vom Himmel her?", ist der Sphärenskala von Wolffs „Das große Karussell" (vgl. CTH 2562/2) verwandt. Als musikalische Entsprechung zur Orientalistik von Hafisens Textvorlage, notiert Wolff dieses Lied zwar in d-Moll, schafft aber einen geschlechtslosen Klangraum in d, mit einer zweitaktigen melismatischen Figuration der Einstudierungsarbeit der Engelein am Ende der Gesangslinie.

In Ges-Dur, „verträumt und glückselig", umreißt der Komponist die Gefühlswelt des dichterischen Ich in „Entzücket dich ein Wunderhauch?", wobei die erhöhte Sekunde in den ersten vier Takten der zwischen 4/4 und 3/4 changierenden Komposition als ein ungewöhnliches Systema teleion die Intensität der Empfindung noch verstärkt.

Mit einem siebentaktigen Klaviervorspiel zeichnet Wolff „sehr zart" und „mit verhaltener Glut" in Fis-Dur den Duft einer Locke im Lied „Ach wie süß sie duftet!".

Mit einer orientalisch anmutenden Floskel in der Singstimme und der erhöhten Sept als Charakterisierung der Bitternis, hellt sich das „mit Empfindung" vorzutragende, in c-Moll stehende Lied „Bittres mir zu sagen, denkst du" in den letzten fünf Takten nach C-Dur auf.

Auch das „schwermütig", von Todessehnsucht erfüllte, in f-Moll notierte Lied „Wo ist der Ort an dem du weilst?" verklärt sich im Nachspiel nach Cis-Dur.

Arpeggien, die an die lockenden Harfenklänge des wandernden Komponisten in Franz Schrekers 1911 publizierter Oper „Der ferne Klang"[14] gemahnen, zeichnen das „mit müdem Ausdruck" vorzutragende, rastlos suchende Wandern in „Viel bin ich umhergewandert". Auch dieses zunächst in d-Moll intonierte Lied endet in der Dur-Parallele D-Dur.

„Mit gesteigertem Ausdruck" zeichnet Wolff die Verse „Es werde Licht" in d-Moll zunächst mit einem unisono beginnenden, neunzehntaktigen Vorspiel der Dunkelheit, und einem weiteren sechstaktigen Zwischenspiel nach dem Gottesruf. Hafis deutet das Wort Gottes um auf das Auge des Geliebten, also steigert Wolff die zuvor als Urlicht-Impuls eingesetzte Triole zur Dezimole. Das Augenlicht wird breit und „überschwenglich" in D-Dur besungen, mit dem für 17 Schläge ausgehaltenen Wort „Pracht".

„Aus den hebräischen Gesängen des Hafis" übernahm Wolff die vergleichsweise umfangreichen Verse „Ein solcher ist mein Freund", aus welchen Hafis-Exegeten, ebenso wie aus dem Gedicht „O hättest du!", die Homoerotik des Dichters[15] ableiten. „Warm und leidenschaftlich" ist Wolffs heldenhafte Musikalisierung des idealen Liebhabers, beginnend in e-Moll und endend mit einem Sextakkord in E-Dur.

Bei „O hättest du!", dem Wunsch illegale Zärtlichkeit durch eine Blutsverwandtschaft nivollieren zu können, ist „verhaltene Leidenschaft" angesagt. Das Drängen zeichnet Wolff durch das in D-Dur im Dreivierteltakt komponierte Lied in der Begleitung durch die perpetuierende Folge von Viertel und Halbe auf verschiedenen Tonhöhen. Nur für zwei leidenschaftlich gesteigerte Takte bricht es bei den Worten „Küssen und umfangen, mein Drücken und mein Herzen" in eine 4/4-Bewegung um, nimmt sich dann aber wieder zurück auf das rhythmische ¾-Grundmuster, mit einem verminderten Septvorhalt in der Singstimme beim Wort „Hohn".

Auch in der Vertonung des „sehnsuchtsvoll" vorzutragenden Liedes „Meine Lebenszeit verstreicht", erfolgt der Wandel von der Grundtonart es-Moll in eine finale Aufhellung der Dur-Parallele Es-Dur.

---

[13] Bleistifteintragungen in historischen Drucken der Lieder; Dokument im Besitz von Rebecca Broberg.
[14] Vgl.: Franz Schreker: Der ferne Klang. Oper in drei Aufzügen. Partitur. Schliengen 1998, III, S. 96 ff.
[15] Vgl. http://gutenberg.spiegel.de/autor/234 (Zugriff: 19. 05. 2011)

„Sehnsuchtsvoll", zunächst nur in Moll-Terzen, charakterisiert der Komponist in „O wie süß ein Duft von oben", die Diskrepanz von Diesseits und Jenseits. In D-Dur-Arpeggien entschließt sich die Seele zum Aufstieg „nach Eden", um sich dann – wieder von den Moll-Terzen begleitet, doch fürs Diesseits zu entscheiden, welches dann dieselbe arpeggierte Kraft erhält, wie vordem das Eden. In c-Moll beschimpft die Singstimme „trotzig" das „oben" gar als „hohle[n] Flitter". Gleichwohl bleiben die abschließenden, resignierten Weh-Rufe im heldischen D-Dur. Wolffs eigenwillige Wahl der Tongeschlechter orientiert sich deutlich an Wagners Vorgabe in „Die Walküre", mit der rebellisch strikten Weigerung Siegmunds, Brünnhilde als Toter nach Walhall zu folgen.

Ebenfalls „aus den hebräischen Gesängen des Hafis" komponierte Wolff „Schön wie Thirza bist du". „Sehnsuchtsvoll" im langsamen 6/8-Takt, ziseliert er mit 32stel- und 64stel-Figuren in der Begleitung die Klage des dichterischen Ich über die tötenden Blicke der Schönheit in der von Peter Cornelius bevorzugten Tonart h-Moll und mit Einsatz der Thalmudischen Terz, wie sie auch Max von Schillings in „Das Hexenlied" (1902) zur Zeichnung der fremdländischen Schönheit der jungen, als Hexe verurteilten Frau einsetzt.

Erneut „aus den hebräischen Gesängen des Hafis" wählte Wolff die vorzutragenden Verse „Stark wie der Tod ist die Liebe" aus. Die b-Moll-Komposition mit arpeggierter Begleitung im ¾-Takt beginnt „mit Größe", steigert sich dann „feierlich", um „in immer währender Steigerung" in den „begeistert" wieder aufgenommenen Anfangsvers zu leiten. Die Vertonung der Worte „gewaltiger Wogen brausende Wasserfülle" schlägt den Bogen zur Maßstäbe setzenden musikalischen Charakterisierung von Wasserfluten in Wagners „Ring des Nibelungen".

Den Abschluss des Hafis-Zyklus' in der Reihenfolge der Ersteinspielung bildet die Vertonung von „Wie Melodie aus reiner Sphäre hör' ich". Hier verlangt Wolff einen Vortrag „mit größter Zartheit", dann „glückselig" und in der Wiederaufnahme der eröffnenden Textzeile „ganz zart". In der in Es-Dur stehenden Komposition zeichnet er in zwei den Text ausdeutenden Zwischenspielen „eines Engels gelinde Schwinge", das Bild der Sphärenklänge erneut mit harmonisch raffinierten Rückungen in arpeggierten Akkorden.

Mit den Einspielungen der Hafis-Gesänge – zusammen mit einer weiteren Auswahl von Liedern, Melodramen und vierhändigen Klavierstücken von Erich J. Wolff (CTH 2562/2)– fand die 2009 beim Label Bella Musica/Thorofon begonnene Edition der Sopranistin Rebecca Broberg ihre gelungene Fortsetzung.

Peter P. Pachl